Insa Bauer

Leselöwen

Pferde-Wissen

Illustrationen von Milada Krautmann

Loewe

Der Umwelt zuliebe ist dieses Buch auf chlorfrei gebleichtem Papier gedruckt.

ISBN 978-3-7855-5028-1
3. Auflage 2007

Umschlagillustration: Milada Krautmann
Umschlaggestaltung: Andreas Henze
Printed in Germany (017)

www.loewe-verlag.de

Inhalt

Einmal Sieger sein!

„Immer bin ich die Letzte!“, schimpft Jule nach der Sportstunde. Missmutig stopft sie ihre Turnschuhe in den Beutel.

„Alle anderen laufen schneller als ich. Alle anderen können weiter und höher springen.“

„Du kannst doch ganz gut werfen“, gibt ihre Freundin Jana zu bedenken.

„Na ja. Es geht. Aber wen haut das vom Hocker? Einmal möchte ich die Erste sein, die Siegerin. Damit ich weiß, wie sich das anfühlt.“

Jana nickt. Sie versteht Jule gut und würde es ihr wirklich wünschen.

Seit ihrer Geburt ist Jule behindert. Sie hat eine Muskelkrankheit. Ihr linkes Bein ist viel dünner und kürzer als das rechte. Beim Sport kann sie deshalb nicht mit den anderen mithalten.

Jana überlegt, wie sie ihre Freundin aufmuntern könnte. Da fällt ihr etwas ein:

„Du schreibst doch die besten Aufsätze in der Klasse. Dein Aufsatz über die Familie mit dem Haus voller Tiere war einfach super! Ich konnte mir richtig vorstellen, wie die Ziege die Gardinen frisst. Frau Baumgarten hat deine Geschichte sogar zum Geschichtenwettbewerb geschickt. Vielleicht gewinnen wir damit die Klassenfahrt zum Reiterhof!"

Jule zuckt mit den Schultern. Der Reiterhof ist ihr egal. Wie gern würde sie alle Geschichten in ihrem Kopf für einen Sieg beim Sport hergeben!

Zur Überraschung aller kommt schon bald die Nachricht. Die Klasse 4a hat tatsächlich mit Jules Geschichte den Wettbewerb gewonnen.

Vier Wochen später trifft die 4a auf dem Reiterhof ein.

Der Reitlehrer heißt Hendrik. Er ist sehr nett und erklärt zuerst den Umgang mit den Ponys. „Das Wichtigste ist, dass die

Tiere Vertrauen zu euch bekommen. Nur dann könnt ihr sie als Freunde gewinnen. So, nun seid ihr an der Reihe. Wer von euch ist denn schon mal geritten?“

Mehrere Kinder melden sich.

Hendrik fragt, wer den anderen das Aufsitzen vormachen möchte.

Benni drängelt sich vor. Stolz geht er auf das Pony zu, redet mit ihm und klopft sanft seinen Hals.

Dann schwingt er sich in den Sattel. Plötzlich fangen alle an zu lachen.

„Halt!“, ruft Hendrik. „Bist du sicher, dass du immer so reitest?“

Da sieht Benni, warum die anderen lachen. Er sitzt falsch herum, mit dem Gesicht nach hinten. Wie konnte ihm das nur passieren?

Weil es ihm so peinlich ist, will er sein Versehen nicht zugeben: „Wenn ich andersrum sitze, werde ich immer seekrank!“, antwortet er schlagfertig.

Die Kinder lachen noch mehr.

„Versuch es einfach einmal!“, schlägt Hendrik vor.

Benni springt wieder ab und schwingt sich richtig herum auf das Pony. Stolz dreht er mehrere Runden in der Reithalle. Seekrank wird er dabei nicht.

Jule überlegt, wie sie sich vor dem Reiten drücken könnte. Sie fürchtet, dass ihr nicht einmal das Aufsitzen gelingt. „Und wenn ich oben bin, falle ich bestimmt wieder runter, sobald das Pony anfängt zu laufen“, sagt sie zu Jana.

„Quatsch!“ Jana schüttelt den Kopf. „Da ist unser Pony. Probier es erst mal! Aufgeben kannst du immer noch.“

Hendrik kommt auf sie zu. „Euer Pony heißt Hummel“, stellt er das hellbraune Tier vor. Während er über Hummel erzählt, schiebt er Jules kranken Fuß in den Steigbügel. Er stützt sie so, dass sie auf dem Pony sitzt, bevor sie darüber nachdenken kann. „Das Aufsitzen war schon mal einsame Spitze“, lobt er.

Jule schaut sich verwundert um. Sie streichelt ihr Pony. Es ist ein schönes Gefühl, auf seinem Rücken zu sitzen.

Hummel geht im Schritttempo. Bald passt sich Jules Körper den gleichmäßigen Bewegungen des Tieres an.

Wie herrlich es ist, sich so mühelos fortzubewegen! Kein Humpeln und keine Anstrengung bei jedem Schritt.

„Reiten macht Spaß!“, ruft Jule ihrer Freundin zu.

„Du reitest supertoll!“, ruft Jana zurück.

Frau Baumgarten schaut zu Jule. „Du hast eine Haltung, als hättest du schon Jahre im Sattel verbracht“, sagt sie.

Jule beachtet die anderen wenig. Sie ist mit Hummel und mit ihren gemeinsamen Fortschritten beschäftigt. Wenn sie aber doch einmal aufschaut, stellt sie fest, dass nicht alle so gut reiten wie sie.

„Am letzten Tag soll es ein Abschiedsfest mit einem Reiter-Geschicklichkeitsspiel geben“, kündigt Frau Baumgarten an. „Wer mitreiten möchte, kann sich bei Hendrik anmelden.“

Jule will nicht teilnehmen. Zu groß ist ihre Angst, wieder eine der Letzten zu sein. Aber Jana meldet sie einfach mit an.

Die Zeit geht viel zu schnell vorbei. Beim Abschiedsfest am letzten Tag fiebern alle dem Spiel entgegen. Aufgeregt laufen Kinder und Ponys durcheinander.

Freddy soll bei dem Geschicklichkeitsspiel als Erster starten. Doch bevor er aufsitzen kann, galoppiert ihm sein Pony davon. Freddy rennt hinterher, um es wieder einzufangen. Als er es fast erwischt hat, rutscht er aus und landet im Matsch.

„Das war's dann wohl!", schnaubt er wütend und bleibt sitzen. „Nun ist meine letzte saubere Hose auch voll Dreck!"

Das Geschicklichkeitsreiten besteht aus mehreren Teilen: Die Kinder reiten mit ihren Ponys um Hindernisse herum. Dann müssen die Reiterinnen und Reiter während des Reitens einen Ring über einen Stab werfen und mit einem Ball in einen Korb treffen.

In Jules Bauch kribbelt es wie tausend Ameisen. Doch als sie endlich an der Reihe ist und auf Hummel sitzt, fühlt sie sich auf einmal ganz sicher.

Jule braucht ihr Pony kaum zu lenken. Die kleinsten Bewegungen der Zügel und leichter Druck der Beine gegen den Körper des Tieres lassen Hummel alle Aufgaben richtig ausführen. Das Pony spürt sofort, was Jule will.

Geschickt läuft Hummel um die aufgestellten Hindernisse herum, ohne irgendwo anzustoßen.

„Bravo, Hummel!“ Jule tätschelt ihr Pony.

Bei den Spielen mit den Bällen und den Ringen erreicht Jule auf Anhieb die volle

Punktzahl. Glücklich reitet sie zurück und übergibt Jana ihr Pony.

Nachdem alle an der Reihe waren, fragt Hendrik: „Was meint ihr? Wer war am besten?“

„Jule und Hummel, Jule und Hummel!“, singen alle Kinder und Frau Baumgarten im Chor.

Jule kann es kaum fassen.

Und dann hört sie Hendrik in die Runde rufen: „Siegerin des Geschicklichkeitsreitens ist ganz klar: Jule auf Hummel!“

Pferdesport

Der Umgang mit einem Pferd hilft behinderten Menschen, mehr Sicherheit und Selbstvertrauen zu bekommen. Die **Pferdetherapie** fördert die Geschicklichkeit und ein Gefühl für das Gleichgewicht.

Die unterschiedlichen **Gangarten** des Pferdes nennt man Schritt, Trab und Galopp. Der Galopp ist die schnellste Fortbewegungsart des Pferdes.

Bei der **Military** (Vielseitigkeitsreiten) müssen Pferd und Reiter sehr schwierige Hindernisse überwinden. Sie müssen durch unwegsames Gelände reiten, bergauf und bergab klettern und schnell und ausdauernd galoppieren.

Beim **Galopprennen** laufen die Rennpferde auf einer Gras- oder Sandbahn um die Wette. Reiter sind zierliche, leichte Jockeys. Beim Pferderennen werden oft Wetten abgeschlossen.

Ein **Dressurreiter** lenkt sein Pferd mit Einfühlungsvermögen. Er benutzt die Zügel, verlagert sein Gewicht und drückt seine Schenkel leicht an das Tier.

Beim **Springreiten** nutzt der Reiter die natürliche Fähigkeit des Pferdes, über Hindernisse zu springen. Die Zusammenstellung unterschiedlicher Hindernisse ist der Parcours.

Ein Glückstag

Flehend sieht Emil den Stallmeister an. „Bitte lass Lotte im Freien arbeiten. Wenn sie wieder in die Grube muss, wird sie blind wie die anderen!“

„Sie muss morgen wieder runter. Sie steht auf der Liste“, antwortet Gustav. Er versucht, streng auszusehen. Aber es fällt ihm schwer.

Der Stallmeister weiß, dass Emil recht hat. Viele der Ponys, die in den Kohlegruben arbeiten, werden nach und nach blind. Sie haben ihre Ställe im Stollen und fahren nicht wie die Arbeiter täglich wieder hinauf ins Tageslicht.

Gustav hat die Tiere gern, und er mag auch Emil, der sich immer liebevoll um sein Grubenpony kümmert. Doch Gustav ist bei einer Firma angestellt, die Pferde und Ponys als Arbeitstiere verleiht. Er muss darauf achten, dass die Arbeitskraft der Tiere so gut wie möglich genutzt wird.

„Aber Lotte ist noch zu schwach für die schwere Arbeit.“ Emil wuschelt dem Pony durch das zottelige Fell.

Vor zwei Wochen war das Pony bei der Arbeit zusammengebrochen. Es hatte furchtbar gehustet und war in ein Krankenhaus für Pferde, das Pferdelazarett, gebracht worden. Danach durfte es sich auf der Pferdewiese erholen.

Gustav schüttelt den Kopf. „Ihr seid für morgen zusammen eingeteilt. Da kann ich nichts machen. Tut mir leid.“

Emil glaubt ihm das. Er kennt Gustav schon lange und weiß, dass er nur seine Pflicht erfüllt. „Und wenn ich dafür mehr arbeite?", fragt er.

Gustav betrachtet ihn von oben bis unten. „Guck dich doch mal an! Du bist sowieso schon dünn wie eine Bohnenstange. Während du einen einzigen Förderwagen mit Mühe von der Stelle bewegst, zieht Lotte mehr als zehn. Willst du auch zusammenbrechen?"

Emil wischt sich über das schwarze Gesicht. „Nein!", sagt er leise und schaut auf seine Füße. „Ich muss doch für meine Geschwister Geld verdienen. Sie sind noch so klein."

„Na, dann bis morgen früh!" Gustav klopft Emil auf die Schulter.

Emil lehnt sich an Lotte. Sie ist seine Freundin geworden. Schon mehr als zwei Jahre arbeiten sie zusammen in der Kohlegrube. Emil schaufelt die Kohle in die Förderwagen. Wenn die Wagen voll sind, zieht Lotte sie zum Schacht, von wo aus die Kohle in Förderkörben nach oben geschafft wird. Dann bringt sie die leeren Wagen zurück.

„Vielleicht passiert irgendwas, und du musst nicht runter“, sagt Emil zu Lotte und tätschelt ihr den Hals. Aber an Wunder glaubt er schon lange nicht mehr.

„Wir beide könnten abhauen. Ganz weit weg. Wir suchen uns saftige grüne Wiesen und einen klaren Bach. Irgendwo, wo die Sonne den ganzen Tag scheint. Ich lege mich zwischen bunte Blumen und gucke in die Wolken. Du grast neben mir. Für die Nacht baue ich uns eine Hütte im Wald.“

Träumerisch lächelnd schaut Emil in den Himmel.

Lotte stupst ihn leicht mit dem Maul an. Lächelt sie nicht auch?

Plötzlich zerplatzt Emils Traum wie eine Seifenblase. Er denkt an seine drei kleinen Schwestern und an seine Mutter. Er denkt an seinen Vater, der auch den ganzen Tag in der Grube arbeitet.

„Ich muss nach Hause“, sagt Emil zu Lotte. „Sie warten auf mich. Wenn ich Glück habe, gibt es heute warme Suppe.“ Bei dem Gedanken daran knurrt sein Magen, und das Wasser läuft ihm im Mund zusammen.

Die Nacht ist noch nicht zu Ende, da muss Emil schon aufstehen. Sobald es hell wird, soll er sich mit Lotte bei der Grube melden.

Um es in die Grube zu bringen, muss dem Pony ein Geschirr angelegt werden. Dann wird es langsam in den Schacht hinuntergelassen.

Emil weiß, dass Lotte dabei Angst hat. Er muss sie vorher und hinterher beruhigen. Hoffentlich lassen ihm die anderen Zeit und drängen nicht so.

Lotte ist nicht das einzige Pferd, das mit einem Jungen in der Warteschlange steht. Ein Mann vergleicht die Namen der Wartenden mit denen auf der Tafel. Als Emil und Lotte vor ihm stehen, schaut er auf.

„He! Was wollt ihr denn hier?“, fragt er den verblüfften Emil. „Ihr seid hier falsch,

Das Pferd als Nutztier

Von etwa 1850 bis 1966 haben **Grubenponys** den Menschen in Deutschland die harte Arbeit im Bergbau erleichtert. Ihre Ställe lagen im Stollen (man nennt das „unter Tage“). Die Tiere kamen nur selten ans Tageslicht. Viele der Ponys waren blind.

Göpelpferde mussten immer im Kreis herumgehen, um eine Mühle anzutreiben oder aus einem Brunnen Wasser zu pumpen.

Kräftige Kaltblüter brauchte man, um beladene Schiffe flussaufwärts zu ziehen. Diese Pferde nennt man **Treidelpferde**.

Heute werden bei uns **Ackergäule** in der Landwirtschaft kaum noch eingesetzt. Maschinen haben ihre Arbeit übernommen. Auch **Karrenpferde**, die oft schwere Lasten ziehen mussten, sind durch Maschinen ersetzt worden.

Kutschpferde werden auch heute noch angespannt. Besonders junge Feriengäste auf Bauernhöfen finden Spaß daran, mit einer Pferdekutsche zu fahren.

Alte Pferde, die nicht mehr arbeiten können, werden auf dafür eingerichteten Höfen versorgt. Man sagt, sie erhalten ihr Gnadenbrot.

Pferderassen

Alle Pferde stammen vom **Urpferd** ab, das schon vor 60 Millionen Jahren lebte. Es hatte helle und dunkle Streifen und war nicht größer als ein Fuchs.

Aus dem Urpferd entwickelten sich nach und nach die **Wildpferde**. Heutige Wildpferde sind Nachkommen von verwilderten Zuchtpferden. Wildpferde findet man zum Beispiel auf Island (Islandponys), in Südfrankreich und im Wildpark Merfelder Bruch bei Dülmen, Westfalen.

Kaltblüter kennen wir als kräftige Arbeitspferde, die ruhig und unempfindlich sind. **Shire Horses** (1), die **Belgier** (2) und die **Rheinisch-Deutschen** (3) gehören dazu.

Pferderassen

Alle Pferde stammen vom **Urpferd** ab, das schon vor 60 Millionen Jahren lebte. Es hatte helle und dunkle Streifen und war nicht größer als ein Fuchs.

Aus dem Urpferd entwickelten sich nach und nach die **Wildpferde**. Heutige Wildpferde sind Nachkommen von verwilderten Zuchtpferden. Wildpferde findet man zum Beispiel auf Island (Islandponys), in Südfrankreich und im Wildpark Merfelder Bruch bei Dülmen, Westfalen.

Kaltblüter kennen wir als kräftige Arbeitspferde, die ruhig und unempfindlich sind. **Shire Horses** (1), die **Belgier** (2) und die **Rheinisch-Deutschen** (3) gehören dazu.

„Onkel Björn!“, ruft er erleichtert, als er den Motorschlitten mit seinem Onkel und Jens darauf erkennt.

Onkel Björn hält an, springt herunter und hebt Gunnar auf den Schlitten.

Jens wickelt seinen Freund in eine dicke Felldecke.

Während der Schlitten anfährt, hält Gunnar nach dem Pony Ausschau. Aber er sieht nur weiße Flocken.

Zum Glück ist der Knöchel nicht gebrochen, wie der Arzt später feststellt. Gunnar bekommt einen Verband und soll den Fuß schonen.

Noch am selben Tag löst Jens seine Wette ein.

Gunnar stopft sich gleich einen Riegel Schokolade in den Mund und hält Jens die Tafel hin. Kauend sagt er: „Wir essen nur die Hälfte davon. Die andere Hälfte bringe ich Goldschimmer, wenn der Schnee weg ist und ich wieder laufen kann.“

Das Pony erschrickt und galoppiert davon.

„Halt! Warte doch!“, ruft Gunnar. Er will hinterherlaufen, aber er kann sich nicht bewegen.

Das Zittern wird stärker. Ohne das Pony gibt es für Gunnar weit und breit keinen Schutz vor dem eiskalten Wind und dem Flockenwirbel.

Gespenstisch tauchen aus der weißen Wand zwei kleine Lichter auf. Das Zittern im Boden wird von lautem Brummen begleitet. Da ahnt Gunnar, was auf ihn zukommt.

Unbeirrt stapft das Pony neben Jens durch den Schnee und trägt Gunnar bis zu einer Wegkreuzung. Doch dort hält es an und will keinen Schritt mehr weitergehen.

„Ich verstehe“, sagt Gunnar. „Hier ist dein Revier zu Ende. Was nun?“

„Ich muss mich bis zum Dorf durchschlagen und Hilfe holen“, antwortet Jens. „Warte hier, und rühr dich nicht von der Stelle!“

Gunnar hockt sich hinter das Pony und wartet und wartet. Bald fühlt er seine Hände und Füße gar nicht mehr vor Kälte. Wenn Jens nun im Schnee stecken geblieben ist?

Er drückt sich an das Pony, dem Eis und Schnee nichts auszumachen scheinen. Sein Körper bietet Gunnar Schutz und gibt ihm Wärme und Geborgenheit. Ab und zu dreht das Pony den Kopf. Plötzlich spitzt es die Ohren und wird unruhig.

Gunnar spürt ein starkes Zittern im Boden. Was kann das sein?

„Wir müssen hier weg!“ Jens überlegt, ob er seinen Freund auf den Rücken nehmen kann. Doch Gunnar ist größer und schwerer als er.

Wo ist Gunnar überhaupt? Jens kann kaum mehr einen Meter weit sehen. Er wischt sich den Schnee aus den Wimpern und traut seinen Augen nicht. Vor ihm steht das Pony, und auf seinem Rücken sitzt Gunnar. „Na, was sagst du nun?“

„Ich fass es nicht! Mit welchen Tricks hast du denn das geschafft?“

„Ich glaube, Goldschimmer hatte Mitleid mit mir“, antwortet Gunnar.

Nur mit großer Anstrengung kann Gunnar sich festhalten. Wie ein Affe umklammert er den Hals des Ponys, krallt sich in die Mähne und sieht dabei aus wie ein Rodeoreiter im Wildwestfilm.

Jens zählt, wie lange Gunnar sich auf dem Pferd hält. Weit kommt er nicht. Bei drei liegt sein Freund schon im Schnee.

Das Pony trabt ein Stück weg und betrachtet den Jungen abwartend.

Verlegen grinsend rappelt Gunnar sich auf, um es noch einmal zu versuchen. Aber schon beim ersten Schritt zuckt er zusammen. „Au! Aua! Mein Fuß!“, jammert er. „Ich kann gar nicht auftreten.“

Erschrocken läuft Jens zu ihm. „Wir müssen schnell zum Arzt“, ruft er.

„Sehr witzig!“, schimpft Gunnar. „Soll ich den weiten Weg auf einem Bein hüpfen?“

Im selben Augenblick verschwindet die Sonne hinter einer dunklen Wolkenwand. Kurz darauf stehen die Jungen schon mitten im dichten Schneegestöber.

Jens weiß, dass Gunnar hartnäckig und ausdauernd ist.

Er bewundert seinen Freund, der es mit viel Geduld schafft, sich dem Pony wieder zu nähern. Leise und einfühlsam redet er mit ihm, bis er ihm seine Hand hinstrecken kann.

Das Pony legt sein Maul in Gunnars Hand und lässt sich sogar streicheln.

Jens glaubt seine Wette schon verloren.

Plötzlich schwingt Gunnar sich schnell und geschickt auf den Rücken des Ponys. Das Tier wiehert überrascht und bockt sofort. Abwechselnd wirft es die Vorderbeine und die Hinterbeine hoch und springt im Kreis herum.

Das Pony schaut ihn neugierig an, trabt dann aber weg.

„Wette angenommen!“, ruft Jens, der nun sicher ist, dass er gewinnt. „Wir wetten um eine Tafel Schokolade! Abgemacht?“

„Abgemacht!“

Inzwischen ist Gunnar dem Pony gefolgt. „Komm, Goldschimmer! Ich bin dein Freund. Lässt du mich reiten?“

Das kleine Pferd stellt aufmerksam die Ohren nach vorn. Doch dann dreht es sich um und galoppiert davon.

In letzter Minute

Ausgelassen springen die kleinen Islandponys im Schnee herum. Die Frühlingssonne macht sie munter und unternehmungslustig. Bald wird die Sonne den Schnee schmelzen und das Leben auf Island leichter machen.

Jens und Gunnar, die die Ponys beobachten, freuen sich auch auf den Frühling. Dann sollen die Tiere, die seit ihrer Geburt auf einer weit abgelegenen Weide gelebt haben, eingeritten werden.

Das in der Sonne golden schimmernde Fell eines kleinen Pferdes bringt Gunnar auf eine Idee: „Wir nennen es Goldschimmer und reiten es jetzt schon ein. Vielleicht schenkt Onkel Björn es uns!“

Er macht ein paar Schritte auf das Pony zu. „Mal sehen, ob Goldschimmer mich aufsitzen lässt.“

„Das schaffst du nie!“, ruft Jens.

„Wetten doch?“ Gunnar geht weiter.

Heute werden bei uns **Ackergäule** in der Landwirtschaft kaum noch eingesetzt. Maschinen haben ihre Arbeit übernommen. Auch **Karrenpferde**, die oft schwere Lasten ziehen mussten, sind durch Maschinen ersetzt worden.

Kutschpferde werden auch heute noch angespannt. Besonders junge Feriengäste auf Bauernhöfen finden Spaß daran, mit einer Pferdekutsche zu fahren.

Alte Pferde, die nicht mehr arbeiten können, werden auf dafür eingerichteten Höfen versorgt. Man sagt, sie erhalten ihr Gnadenbrot.

Die edlen **Vollblüter** mit besonderer Abstammung sind temperamentvoll, dabei aber hochempfindlich und nervös. Das **englische Vollblutpferd** (4) und die **Araber** (5) sind echte Vollblüter.

Die als Sportpferde sehr beliebten **Warmblüter** werden aus Kalt- und Vollblütern gezüchtet. Sie haben Kraft und Ausdauer und sind schnell, robust und intelligent. **Hannoveraner** (6), **Oldenburger**, **Holsteiner**, **Lipizzaner** und **Trakehner** sind Warmblüter.

Ponys werden die kleinen Pferde mit kurzen Beinen und einem dicken Fell genannt. Diese robusten und genügsamen Tiere fühlen sich auch in kühleren Gegenden wohl. Bekannt sind zum Beispiel das **Islandpony** (7) und das **Shetlandpony** (8).

Favourite

„Hey, Daisy! Da kommt Papa mit Favourite. Wollen wir nachher zuschauen, wie er mit ihm trainiert?“ Shirley führt ihr Pony Daisy am Zügel und schaut es fragend an. Das Pony blinzelt und schnaubt.

Shirley lacht. „Du meinst wohl auch, dass Favourite ein besonders schöner Hengst ist? Kein Wunder! Einer seiner Vorfahren ist schließlich Godolphin Arabian, der berühmte Araberhengst.“

Als Daisy den Kopf wegdreht, klopft Shirley ihrem Pony liebevoll den Hals. „Du brauchst nicht eifersüchtig zu sein. Für mich bist und bleibst du das schönste und beste Pferd auf der Welt.“

Shirleys Vater John ist Pferdepfleger und Trainer auf dem Hof von Sir Richard. Sir Richard glaubt, dass Favourite einmal ein sehr gutes Springpferd wird und er viele Preise mit ihm gewinnen kann.

Shirley hat dem Hengst schon oft beim Springen zugesehen. Sicher und elegant hat er die schwierigsten Hürden genommen. Aber es gibt ein großes Problem: Manchmal erschrickt Favourite vor dem Wassergraben und bleibt ängstlich stehen.

„Sir Richard hat eine Belohnung ausgesetzt“, sagt Shirleys Vater. „Er möchte so schnell wie möglich wissen, warum Favourite vor dem Graben scheut.“

Shirley überlegt. „Vielleicht ist er wasserscheu und hat Angst, nass zu werden.“

John schüttelt den Kopf. „Er ist schon oft ohne Zögern darübergesprungen.“

Weil Favourite beim nächsten Training wieder scheut, will Shirley es genau wissen. Als der Hengst später auf die Weide gebracht wird, nähert sie sich ihm langsam von vorne und redet mit ihm. „Favourite“, sagt sie. „Ich glaube, du hast Angst vor Wasser. Mama erzählt, dass ich früher auch wasserscheu war. Aber jetzt bin ich es nicht mehr.“

Der Hengst hat seine Ohren nach vorn gestellt. Shirley erkennt daran, wie aufmerksam er ihr zuhört.

„Ich zeige dir, dass ich jetzt keine Angst mehr vor Wasser habe“, ruft Shirley und läuft zu einem Graben auf der Pferdeweide. Mit all ihren Kleidern hüpft sie in das Wasser und plantscht fröhlich herum.

„Das macht Spaß, Favourite! Und du musst ja auch gar nicht schwimmen. Rüberspringen reicht schon.“

Sie will es Favourite vormachen. Dabei wird sie von ihrer nassen Kleidung behindert und plumpst rückwärts ins Wasser.

Shirley lacht. „Möchtest du es nicht auch mal versuchen? Du schaffst es bestimmt besser als ich!“

Doch Favourite ist nicht zum Sprung über den Graben zu bewegen.

Später erzählt Shirley ihrem Vater von ihren Bemühungen mit Favourite. „Aber es hat nichts genützt“, gibt sie zu.

„Wir versuchen es morgen noch einmal“, schlägt John vor.

Am nächsten Morgen ziehen dunkle Wolken auf und John rechnet mit Regen.

Als es jedoch trocken bleibt, schickt Sir Richard ihn mit Favourite zum Trainieren auf den Turnierplatz.

„Jetzt wird es spannend“, sagt Shirley zu Daisy.

Aufgeregt beobachtet sie Favourites Sprünge über die Hindernisse. Wie zuvor springt der Hengst mit Leichtigkeit über die schwierigsten Hürden. Dann kommt der Wassergraben. Wird er wieder scheuen?

Gebannt starrt Shirley auf Favourite. Wie selbstverständlich läuft er auf den Graben zu und springt mit einem eleganten Sprung darüber. Erleichtert atmet sie auf.

Ein schneller Seitenblick zu Sir Richard zeigt ihr, dass er sehr zufrieden ist.

„Noch einmal von vorne“, bittet Sir Richard, den Favourites Sprünge und seine Haltung beeindruckt haben.

Shirley hält ihre Hand über die Augen, um besser sehen zu können. Die Wolken haben sich inzwischen aufgelöst, und die Sonne blendet sie.

Shirley genießt es, Favourites Sprünge zu beobachten. Sie freut sich schon darauf, ihn wieder über den Graben springen zu sehen, als er sich tänzelnd auf das Wasser zubewegt.

Aber was ist das? Shirley kann es kaum glauben. Plötzlich scheut Favourite wieder vor dem Wassergraben. John kann sich nur mit Mühe im Sattel halten, Sir Richard bricht das Training ab.

„Zu schade. Ich glaube, wir müssen unsere Pläne mit ihm vergessen“, sagt er.

Alle stehen vor einem Rätsel.

Shirley ruft sich Favourites Sprünge

noch einmal ins Gedächtnis. Plötzlich hat sie eine Idee. Sie spricht mit ihrem Vater darüber.

„Da könnte etwas dran sein“, meint John.

Nach weiteren Beobachtungen ist John ganz sicher, dass Shirleys Vermutung richtig ist. Er bittet Sir Richard darum, Favourite noch eine Chance zu geben. Der Turnierplatz wird so verändert, dass der Wassergraben unter hohen Bäumen liegt.

„Hast du Sir Richard gesagt, warum?“, will Shirley wissen.

Ihr Vater schüttelt den Kopf. „Er vertraut mir. Wir wollen ihn überraschen.“

Und die Überraschung gelingt. Die nächsten Male springt Favourite nicht nur über die schwierigsten Hürden. Er springt auch ohne zu zögern über den Graben.

„Verrätst du mir dein Geheimnis?“, fragt Sir Richard Shirley.

„Es ist wirklich ganz einfach“, erklärt Shirley. „Bei trübem Wetter ist Favourite immer über den Graben gesprungen. Aber sobald die Sonne schien, hat er gescheut. Das glitzernde Wasser hat ihn so geblendet, dass er plötzlich nichts mehr sehen konnte und ganz verwirrt war."

„Bravo!", ruft Sir Richard. „Das nenne ich gut beobachtet! Du hast uns sehr geholfen. Wir müssen also immer darauf achten, dass der Wassergraben im Schatten liegt."

Zur Belohnung darf sich Shirley etwas wünschen. Und sie muss gar nicht lange nachdenken: Sie möchte einmal auf Favourite reiten!

Berühmte Pferde

Vor fast 300 Jahren erhielt der französische Hof den Vollbluthengst **Sham** als kostbares Geschenk aus Tunesien.
Die Franzosen erkannten den Wert des Pferdes jedoch nicht und gaben es nach England weiter. Auf Umwegen kam Sham zum Earl of Godolphin und wurde dort unter dem Namen **Godolphin Arabian** berühmt.

Alexander der Große zähmte als zwölfjähriger Junge ein Pferd, das zuvor niemand bändigen konnte. Er hatte herausgefunden, dass der Hengst vor seinem eigenen Schatten scheute. **Bucephalos** (Stierkopf) begleitete Alexander auf vielen Feldzügen.

Ein berühmtes Gemälde zeigt **Napoleon** auf seinem Schimmel **Marengo**, genannt nach dem Namen einer Schlacht (1800). Dieser Hengst trug seinen Herrn sehr weite Strecken und durch viele Schlachten.

Ein Bauer verkaufte das Hengstfohlen **Hambletonian** an seinen Knecht und machte diesen damit zum reichen Mann. Hambletonian wurde der Stammvater der Traberzucht.

Schwer verletzt nahm **Hans Günter Winkler** 1956 an den Olympischen Reiterspielen in Stockholm teil. Seine Stute **Halla** trug ihn fehlerfrei über alle Hürden. Er gewann die Goldmedaille.

Tom reitet für den Pony Express

„Gleich bin ich da. Endlich!“, seufzt Tom. Er ist so erschöpft. Einen Tag lang und die Nacht hindurch ist er ohne Pause geritten. Essen und trinken musste er während des Reitens. Nicht einmal an den Stationen durfte er kurz ausruhen. In Windeseile musste er sich selbst und die Posttasche auf ein frisches Pony schwingen und sofort weiterreiten.

Tom reitet für den Pony Express. Und das ist eine wirklich harte und gefährliche Arbeit. Aber Tom fürchtet sich schon lange nicht mehr. In den vergangenen Monaten hat er so viele Abenteuer bestanden.

Im Winter ist er in einen Schneesturm geraten und fast stecken geblieben. Und im Sommer konnte er nur um Haaresbreite dem Biss einer Klapperschlange entkommen.

Einmal gelang es ihm sogar, einen

Räuber in die Flucht zu schlagen. Dabei hat er allerdings einen Zahn verloren. Das Wichtigste konnte er jedoch retten: sein Leben, das Pony und die Posttasche. Was ist dagegen schon ein einziger Zahn? Auch wenn er genau vorne fehlt.

Wegen der Zahnlücke kommen seitdem alle Zischlaute mit viel zu viel Luft heraus und werden zu windigen Tönen. Ffffff!

Als die Station endlich in Sicht ist, hält Tom nach Dick Ausschau, der ihn ablösen soll. Doch warum steht nur das Pony bereit? Wo steckt der Reiter?

Aus der Bretterhütte taucht Bill auf. Bill macht nie viele Worte. „Keine Ablösung heute“, knurrt er Tom entgegen.

Tom springt vom Pony. „Waf foll daf heifen? Wo if Dick?“, flötet er durch seine Zahnlücke.

Ein Junge führt das Pony weg, um es zu füttern und zu tränken.

Bill befestigt die Posttasche an dem wartenden Pony. Vielsagend zuckt er mit den Schultern. „Sonnenstich.“

Tom möchte ihn am liebsten am Kragen packen, um eine ausführlichere Antwort aus ihm herauszuschütteln. Aber er reißt sich zusammen. Er weiß, was das bedeutet. Die nächste Poststation ist Cold Spring. „Muff ich ...?“

Wortlos nickt Bill und verschwindet wieder in seiner Hütte.

Tom schimpft mit allen schlimmen Wörtern, die er je in seinem Leben gelernt hat. Und in 15 Jahren kommt da einiges zusammen. „Farfe Feppenfau! Foll dich der Fandfurm ferfaufen!“, was so viel heißt wie „Schwarze Steppensau! Soll dich der Sandsturm zerzausen!“

Das Pony dreht sich um und sieht ihn verwundert an.

Als Bill wieder aus der Hütte herauskommt und ihm einen Becher mit einem heißen Gebräu hinhält, beruhigt er sich langsam. Das Heiße tut ihm gut, auch wenn er nicht feststellen kann, was er da trinkt.

Hat der Kerl vielleicht doch ein Herz im Leib?, überlegt Tom.

Dann verwirft er den Gedanken gleich, denn Bill nimmt ihm den Becher wieder ab. Mit einem Kopfnicken fordert er Tom zum schnellen Weiterreiten auf.

„Na, dann mach'f gut, Feifkerl!“, ruft Tom und schwingt sich auf das wartende Pony.

Bill braucht sich diese Abschiedsworte nicht zu übersetzen. Er trinkt den Rest aus dem Becher und schaut Tom grinsend nach.

Gegen Mittag wird die Hitze unerträglich. Tom hat schon mehrmals das Pony gewechselt. Auch dieser Wechsel dauert keine zwei Minuten und lässt dem Reiter kaum Gelegenheit zum Verschnaufen.

Toms neues Pony heißt Blue Boy. Es ist frisch und ausgeruht. Ihm scheint die Hitze nichts auszumachen. Doch Tom kann sich nur mit Mühe wach halten.

Zuerst versucht er es mit Pfeifen und Singen. Dann erzählt er Blue Boy ein paar Witze, die er sich selber ausdenkt. Doch mitten im Erzählen fallen ihm die Augen zu, und er nickt ein.

Als Tom wieder hochschreckt, denkt er sich einen Trick aus: Abwechselnd kneift er die Augen zu. Links, rechts, links, rechts. So kann sich immer ein Auge ausruhen, denkt er. Doch dabei schläft er endgültig ein. Sein Kopf und sein Oberkörper sacken auf den Hals des Ponys, das ungerührt seinen Weg fortsetzt.

Tom bekommt nicht mit, welche Abenteuer er verpasst. Er sieht nicht die Geier am Himmel kreisen, die gierig darauf warten, dass ein Puma seine Beute freigibt.

Tom spürt auch nicht die vielen Mückenstiche an seinen Armen und Beinen. Und er merkt nichts von der engen Schlucht, durch die Blue Boy sich mit ihm und der Posttasche zwängt.

Tom wird erst wach, als Blue Boy sich nicht mehr bewegt.

Mit einem Ruck schreckt er hoch. „Waf if lof?“, ruft er und schaut verwirrt in mehrere lachende Gesichter.

Ehe er sich versieht, packt ihn jemand und zieht ihn von Blue Boys Rücken, schnappt die Posttasche, wirft sie auf ein anderes Pony und verschwindet wie der Blitz.

Tom will protestieren, taumelt jedoch und landet auf einer Holzkiste.

„Bravo, Kleiner!“, hört er jemanden rufen. Dieser Jemand tätschelt Blue Boy und führt ihn zur Tränke.

Ein Junge reicht Tom einen Becher mit kühlem Wasser. Er trinkt es in einem Zug aus und kann plötzlich wieder klar denken: Er ist in Cold Spring. Blue Boy hat den Weg allein gefunden.

Rekorde

1860 wurde in Nordamerika der **Pony Express** gegründet. Dieser Kurierdienst brachte je nach Jahreszeit die Post in neun bis zwölf Tagen 3 300 km weit von Missouri bis Kalifornien. Seine Reiter mussten jung, leicht, besonders mutig, schnell und zuverlässig sein. Jeder Reiter ritt bis zu 300 km und wechselte alle 20 bis 30 km die Ponys. Es gab mehr als 150 Poststationen.

William Frederick Cody (später bekannt als **Buffalo Bill**) ritt die längste Strecke für den Pony Express. Er bewältigte 600 km ohne größere Pause.

Evening Star heißt der Quarter-Horse-Wallach, der 1994 eine Spitzengeschwindigkeit von 72 km pro Stunde lief. Er lief 400 m in 21 Sekunden.

Die größten und stärksten Pferde sind die **Shire Horses**. Die Hengste können mehr als 2 m groß werden. Im Mittelalter wurden sie als Kampf- und Turnierpferde für die schwer gepanzerten Ritter eingesetzt.

Als Zwerge unter den Pferderassen bezeichnet man die **Falabella-Ponys**, die nicht größer als 76 cm werden. Zum Reiten sind sie nicht geeignet.

Insa Bauer, geboren 1948, arbeitete zunächst als Übersetzerin, bevor sie an der Fernuni eine Fortbildung in Erziehungs- und Sozialwissenschaften, Schwerpunkt Sonderpädagogik, machte. Durch ihre Söhne kam sie zum Schreiben von Kinderbüchern. Seit 1986 ist sie freie Schriftstellerin und hat schon viele schöne Bücher veröffentlicht.

Milada Krautmann ist in einer kleinen Stadt am Fuß des Riesengebirges geboren. Ihre erste Bekanntschaft mit Pferden machte sie auf einem Bauernhof. Seither ist sie von den schönen Tieren fasziniert und malt sie auch heute noch am liebsten. Nach dem Studium der angewandten Malerei in Prag, Brüssel und Paris lebt sie heute in Stuttgart und ist als freie Grafik-Designerin und Illustratorin tätig.